Schule - мактаб	2
Reise - саёхат	5
Transport - нақлиёт	8
Stadt - шаҳр	10
Landschaft - ландшафт	14
Restaurant - тарабхона	17
Supermarkt - супермаркет	20
Getränke - нўшокиҳои	22
Essen - таъом	23
Bauernhof - ферма	27
Haus - хона	31
Wohnzimmer - мехмонхона	33
Küche - ошхона	35
Badezimmer - ҳамом	38
Kinderzimmer - хучраи кӯдакона	42
Kleidung - либос	44
Büro - идора	49
Wirtschaft - иқтисодиёт	51
Berufe - касбҳо	53
Werkzeuge - асбобҳо	56
Musikinstrumente - асбобҳои мусиқӣ	57
Zoo - боғи ҳайвонот	59
Sport - варзиш	62
Aktivitäten - фаъолият	63
Familie - оила	67
Körper - бадан	68
Spital - бемористон	72
Notfall - ҳолати фавкулодда	76
Erde - замин	77
Uhr - вақт	79
Woche - ҳафта	80
Jahr - сол	81
Formen - баст	83
Farben - рангҳо	84
Gegenteile - мухолифат	85
Zahlen - ададҳо	88
Sprachen - забонҳо	90
wer / was / wie - ки / чиро / тавр	91
wo - дар кучо	92

Impressum
Verlag: BABADADA GmbH, Nedderfeld 112 , 22529 Hamburg
Geschäftsführer / Verlagsleitung: Harald Hof
Druck: Books on Demand GmbH, In de Tarpen 42, 22848 Norderstedt

Imprint
Publisher: BABADADA GmbH, Nedderfeld 112 , 22529 Hamburg, Germany
Managing Director / Publishing direction: Harald Hof
Print: Books on Demand GmbH, In de Tarpen 42, 22848 Norderstedt, Germany

Schule
мактаб

- dividieren — тақсим кардан
- Tafel — тахтаи синф
- Klassenzimmer — синф
- Schulhof — саҳни мактаб
- Lehrer — муаллим
- Papier — коғаз
- Stift — ручка
- Schreibtisch — мизи хатнависӣ
- schreiben — навиштан
- Lineal — ҷадвал
- Buch — китоб
- Schüler — талаба

Schultasche
ҷузвдон

Federmappe
қаламдон

Bleistift
қалам

Bleistiftspitzer
қаламтезкунак

Radierer
хаткуркунак

Zeichenblock
блокноти расмкашӣ

Zeichnung
расм

Pinsel
мӯқалами рассомӣ

Malkasten
қуттии рангҳо

Schere
қайчӣ

Klebstoff
ширеш

Übungsheft
дафтари машқ

Hausübung
вазифаи хонагӣ

Zahl
рақам

addieren
ҷамъ кардан

subtrahieren
кам кардан

multiplizieren
зарб задан

rechnen
ҳисоб кардан

Buchstabe
ҳарф

Alphabet
алфавит

Wort
калима

Schule - мактаб

Text
матн

lesen
хондан

Kreide
бӯр

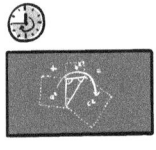
Unterrichtsstunde
дарс

Klassenbuch
журнали синфӣ

Prüfung
имтиҳон

Zeugnis
шаҳодатнома

Schuluniform
либоси мактабӣ

Ausbildung
таҳсил/маориф

Lexikon
энсиклопедия

Universität
донишгоҳ

Mikroskop
микроскоп (more frequently used)

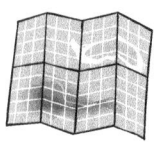
Karte
харита

Papierkorb
сабади партофҳои коғазӣ

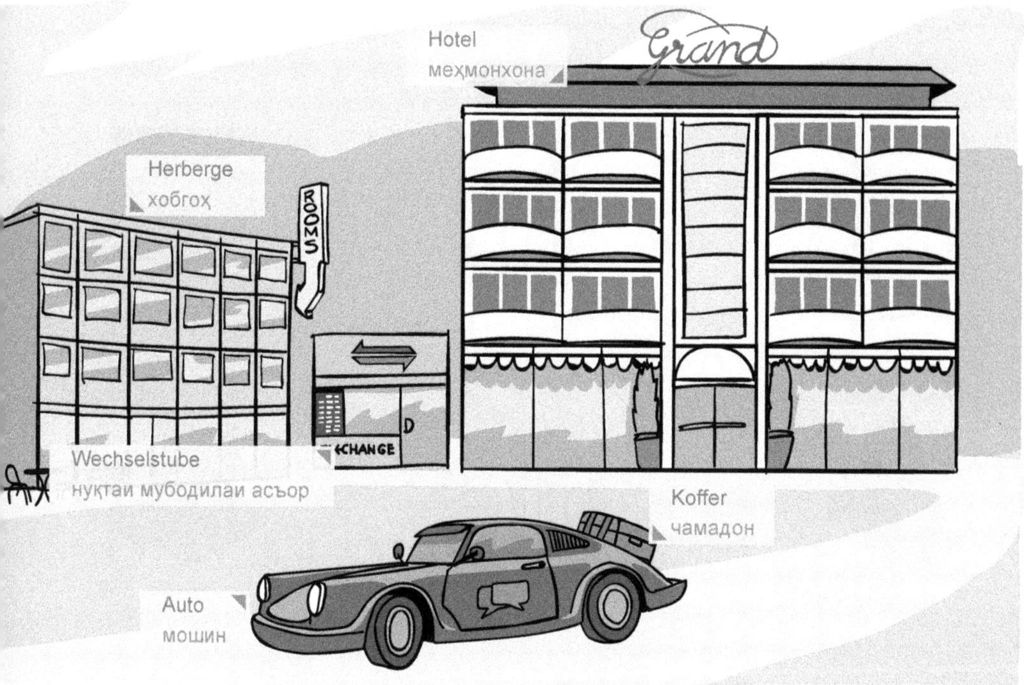

Reise
саёҳат

Hotel — меҳмонхона
Herberge — хобгоҳ
Wechselstube — нуқтаи мубодилаи асъор
Koffer — чамадон
Auto — мошин

Sprache
забон

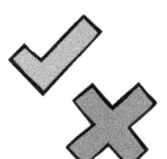

ja / nein
ҳа / не

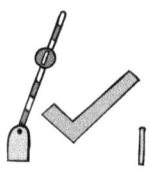

Okay
Хуб

Hallo
Ассалому алейкум

Dolmetscherin
тарҷумон

Danke
Раҳмат

Wie viel kostet …?

чӣ қадар аст …?

Ich verstehe nicht.

Ман намефаҳмам

Problem

проблема

Guten Abend!

шаб ба хайр!

Guten Morgen!

субҳ ба хайр

Gute Nacht!

шаби хуш

Auf Wiederschaun!

хайр

Richtung

равона

Gepäck

бағоҷ

Tasche

ҷузвдон

Rucksack

борхалта

Gast

меҳмон

Zimmer

хона

Schlafsack

хобхалта

Zelt

хайма

Touristeninformation
маълумоти сайёҳӣ

Strand
соҳил

Kreditkarte
корти кредитӣ

Frühstück
наҳорӣ

Mittagessen
хӯроки пешин

Abendessen
хӯроки шом

Fahrkarte
чипта

Lift
лифт

Briefmarke
марка

Grenze
сарҳад

Zoll
Гумрук

Botschaft
сафорат

Visum
раводид

Pass
шиносном

Reise - саёҳат

Transport
нақлиёт

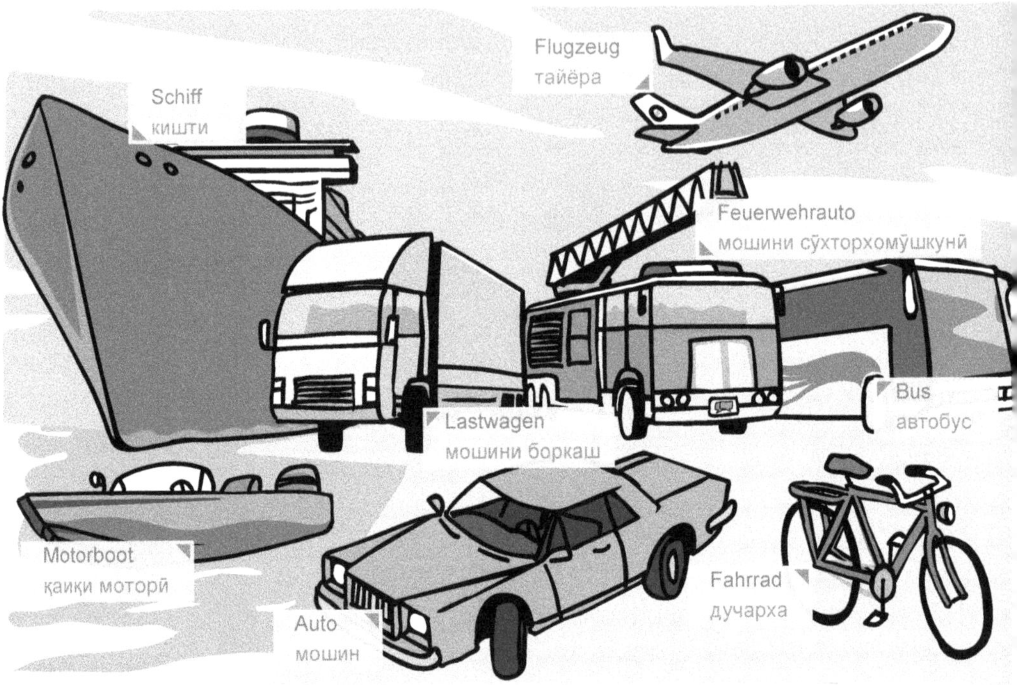

Flugzeug
тайёра

Schiff
кишти

Feuerwehrauto
мошини сӯхторхомӯшкунӣ

Bus
автобус

Lastwagen
мошини боркаш

Motorboot
қаиқи моторӣ

Fahrrad
дучарха

Auto
мошин

Fähre
паром

Boot
қаиқ

Motorrad
мотосикл

Polizeiauto
мошини полис

Rennauto
мошини тезрави пойгаи

Mietwagen
кирояи мошинҳо

Carsharing

ҳамроҳ истифодабарии мошин

Abschleppwagen

эвакуатор

Müllwagen

партовҷамъкунӣ

Motor

муҳаррик

Kraftstoff

сӯзишворӣ

Tankstelle

нуқтаи фурӯши сӯзишворӣ

Verkehrsschild

аломати роҳ

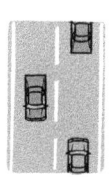

Verkehr

ҳаракат

Stau

бандшавии ҳаракати роҳ

Parkplatz

ҷои исти мошинҳо

Bahnhof

истгоҳи роҳи оҳан

Schienen

роҳи оҳан

Zug

қатора

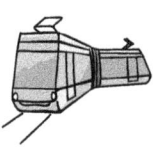

Straßenbahn

тамвай

Wagon

вагон

Transport - нақлиёт

Hubschrauber

чархбол

Flughafen

фурудгоҳ

Tower

манора

Passagier

мусофир

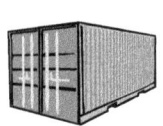

Container

контейнер

Karton

қутии картонӣ

Rollwagen

ароба

Korb

сабад

starten / landen

гирифтан / замин

Stadt
шаҳр

Dorf

деҳа

Stadtzentrum

маркази шаҳр

Haus

хона

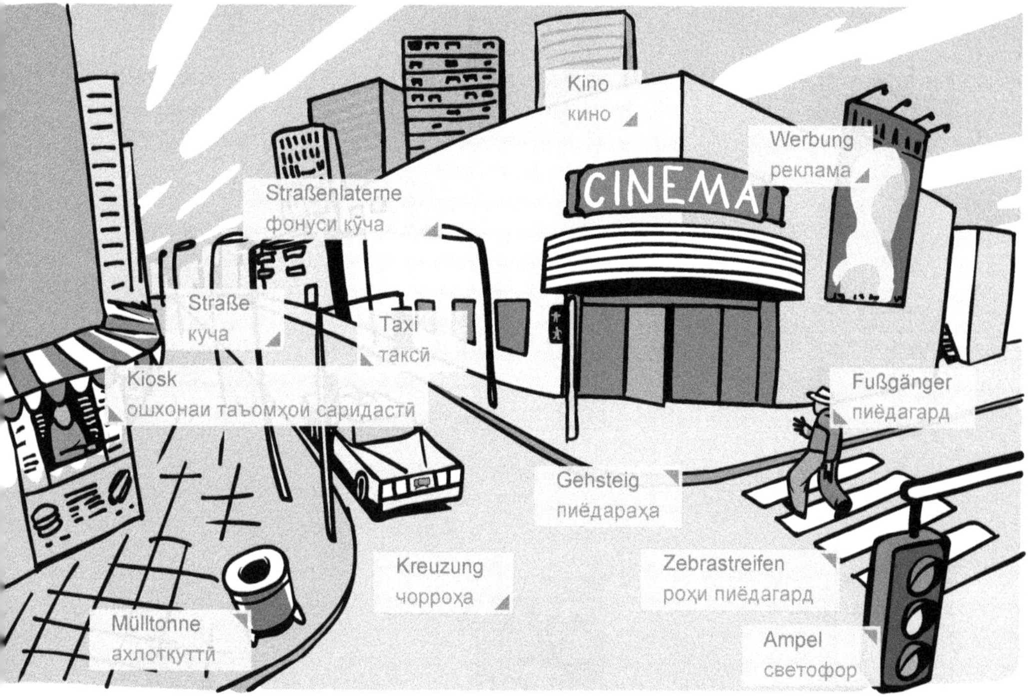

Kino
кино

Werbung
реклама

Straßenlaterne
фонуси кӯча

Straße
кӯча

Taxi
такси

Kiosk
ошхонаи таъомҳои саридастӣ

Fußgänger
пиёдагард

Gehsteig
пиёдароҳа

Kreuzung
чорроҳа

Zebrastreifen
роҳи пиёдагард

Mülltonne
ахлоткуттӣ

Ampel
светофор

Hütte
кулба

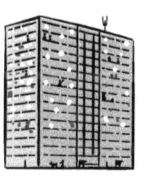

Wohnung
ҳамвор

Bahnhof
истгоҳи роҳи оҳан

Rathaus
бинои маъмурияти шаҳр

Museum
осорхона

Schule
мактаб

Stadt - шаҳр

Universität

донишгоҳ

Bank

бонк

Spital

бемористон

Hotel

меҳмонхона

Apotheke

доухона

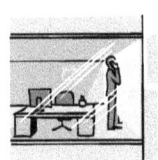

Büro

идора

Buchhandlung

сехи китоб

Geschäft

сехи

Blumenladen

мағозаи гулфурӯшӣ

Supermarkt

супермаркет

Markt

бозор

Kaufhaus

универмаг

Fischhändler

мағозаи моҳифурӯшӣ

Einkaufszentrum

маркази савдо

Hafen

бандар

Park
парк

Bank
бонк

Brücke
пул

Stiege
зинапоя

U-Bahn
метро

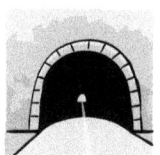
Tunnel
нақби

Bushaltestelle
истгоҳи автобус

Bar
бар

Restaurant
тарабхона

Briefkasten
қуттии почта

Straßenschild
аломати номи кӯчаҳо

Parkuhr
ҳисобкунаки исти мошинҳо

Zoo
боғи ҳайвонот

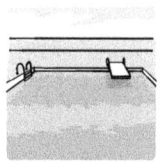
Badeanstalt
ҳавзи шиноварӣ

Moschee
масҷид

Stadt - шаҳр

Bauernhof
ферма

Umweltverschmutzung
ифлоскунӣ

Friedhof
қабристон

Kirche
калисо

Spielplatz
майдончаи бозӣ

Tempel
маъбад

Landschaft
ландшафт

Blatt — барг
Wegweiser — аломати роҳнамо
Weg — роҳ
Wiese — алафзор
Stein — санг
Baum — дарахт
Wanderer — сайёҳ
Fluss — дарё
Gras — алаф
Blume — гул

 Tal водӣ	 Hügel кӯҳ	 See кул
 Wald беша	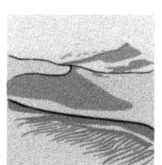 Wüste биёбон	 Vulkan вулкан
 Schloss қалъа	 Regenbogen рангинкамон	 Pilz занбӯруғ
 Palme дарати нахл	 Moskito хомӯшак	 Fliege паридан
 Ameise мурча	 Biene занбӯр	 Spinne тортанак

Landschaft - ландшафт

Käfer
гамбӯсак

Frosch
қурбоққа

Eichhörnchen
санҷоб

Igel
хорпушт

Hase
харгӯш

Eule
бум

Vogel
парранда

Schwan
мурғи қу

Wildschwein
хуки ваҳшӣ

Hirsch
оху

Elch
гавазн

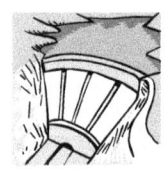

Staudamm
сарбанд

Windrad
турбина шамол

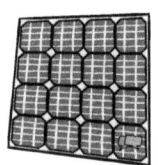

Solarmodul
панел офтобӣ

Klima
иқлим

Restaurant
тарабхона

- Kellner — пешхизмат
- Speisekarte — меню
- Sessel — курсӣ
- Suppe — шӯрбо
- Pizza — Pizza
- Besteck — асбобу анҷоми хӯрокхӯрӣ
- Tischdecke — дастархон

Vorspeise
стартер/корандоз

Hauptgericht
хӯроки асосӣ

Nachspeise
десерт

Getränke
нӯшокиҳои

Essen
таъом

Flasche
шиша

Fastfood

Хӯроки Тез Таёр мешуда

Streetfood

хӯроки кӯчагӣ

Teekanne

чойник

Zuckerdose

шакардон

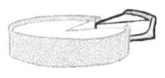

Portion

қисм/порча

Espressomaschine

мошини espresso

Kinderstuhl

курсии кӯдакона

Rechnung

ҳисоб

Tablett

зарфмонак

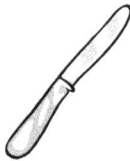

Messer

корд

Gabel

чангол

Löffel

қошуқ

Teelöffel

қошуқча

Serviette

сачоқи қоғазӣ

Glas

истакон

Restaurant - тарабхона

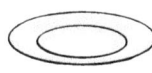		
Teller	Suppenteller	Untertasse
табақча	косача	тақсимча

Sauce	Salzstreuer	Pfeffermühle
соус	намакдон	мурчдон
		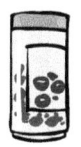
Essig	Öl	Gewürze
сирко	равғани растанӣ	приправа

Ketchup	Senf	Mayonnaise
кетчуп	хардал	майонез

Restaurant - тарабхона

Supermarkt
супермаркет

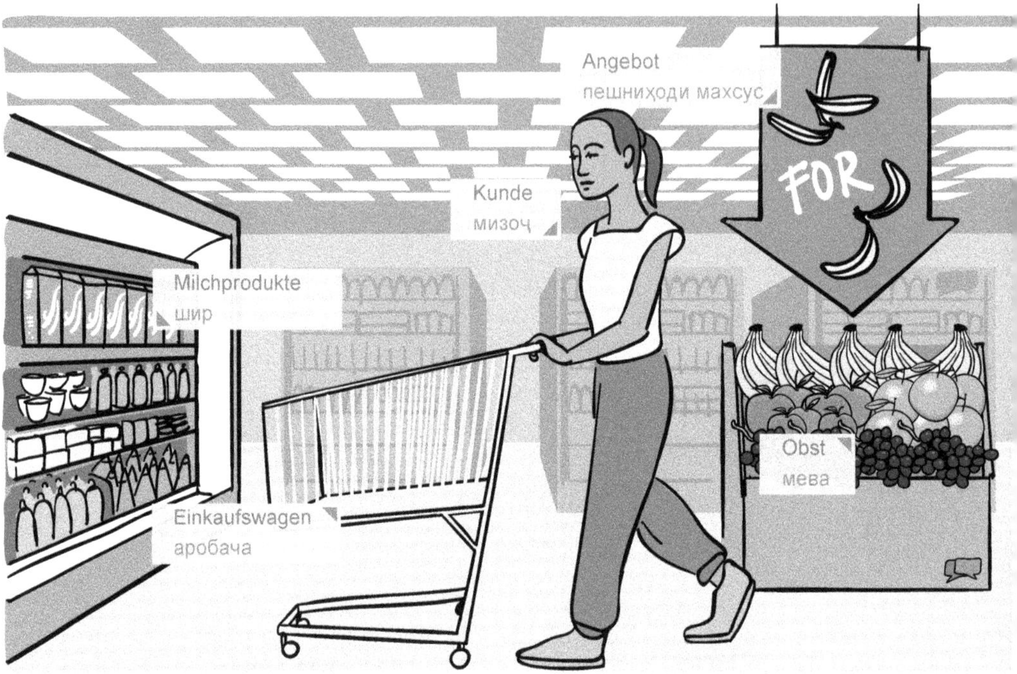

Angebot
пешниҳоди махсус
Kunde
мизоҷ
Milchprodukte
шир
Einkaufswagen
аробача
Obst
мева
FOR

BUTCHERS

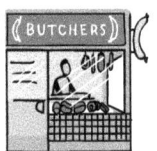

Schlachterei

дукони гӯштфурӯшӣ

BAKERY

Bäckerei

дукони нонфурӯшӣ

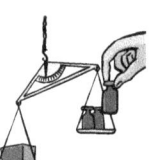

wiegen

баркашидан

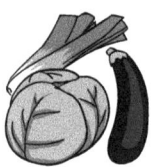

Gemüse

сабзавот

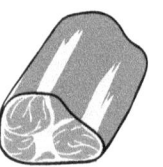

Fleisch

гӯшт

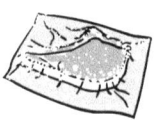

Tiefkühlkost

хӯроки яхбаста

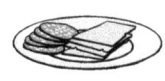
Aufschnitt
гилимҳои борик буридаи гушт

Konserven
озуқаворӣ консервонидашуда

Waschmittel
хокаи либосшӯй

Süßigkeiten
ширинӣ

Haushaltsartikel
асбоби рӯзгор

Reinigungsmittel
воситаҳои тозакунанда

Verkäuferin
фурӯшанда

Kassa
касса

Kassiererin
кассир

Einkaufsliste
рӯихати харидкунӣ

Öffnungszeiten
соат ифтитоҳи

Brieftasche
ҳамён

Kreditkarte
корти кредитӣ

Tasche
ҷуздо

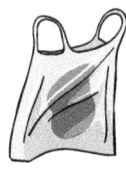
Plastiktüte
пакет

Supermarkt - супермаркет

Getränke
нӯшокиҳои

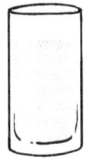

Wasser
об

Saft
шарбат

Milch
шир

Cola
кола

Wein
шароб

Bier
оби ҷав

Alkohol
машрубот

Kakao
какао

Tee
чой

Kaffee
қаҳва

Espresso
эспрессо

Cappuccino
каппучино

Essen
таъом

Banane
банан

Apfel
себ

Orange
норанҷӣ

Melone
харбуза

Zitrone
лимӯ

Karotte
сабзӣ

Knoblauch
сир

Bambus
бамбук

Zwiebel
пиёз

Pilz
занбӯруғ

Nüsse
чормағз

Nudeln
угро

 Spaghetti спагеттӣ	 Reis биринҷ	 Salat салат
 Pommes frites картошкаи қоқак	 Bratkartoffeln картошкабирён	 Pizza Pizza
 Hamburger гамбургер	 Sandwich бутербурод	 Schnitzel шнитсел
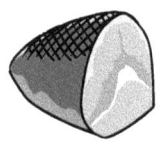 Schinken гӯшти намакардаи хук	 Salami ҳасиби салямӣ	 Wurst ҳасиб
 Huhn мурғ	 Braten кабоб	 Fisch моҳӣ

Haferflocken
ярмаи ҷав

Müsli
омехтаи ғалладонагӣ

Cornflakes
ярмаи ҷуворимакка

Mehl
орд

Croissant
кулчақанд

Semmel
кулчақанд

Brot
нон

Toast
як порча нони бирён

Kekse
кулчачаҳои қандин

Butter
маска

Topfen
творог

Kuchen
пирог

Ei
тухм

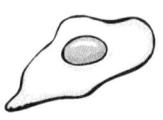

Spiegelei
тухм бирён

Käse
панир

Essen - таъом

Eiscreme	Zucker	Honig
яхмос	шакар	асал

Marmelade	Schokoladenaufstrich	Curry
мураббо	хамираи ҳалво	Curry

Bauernhof
ферма

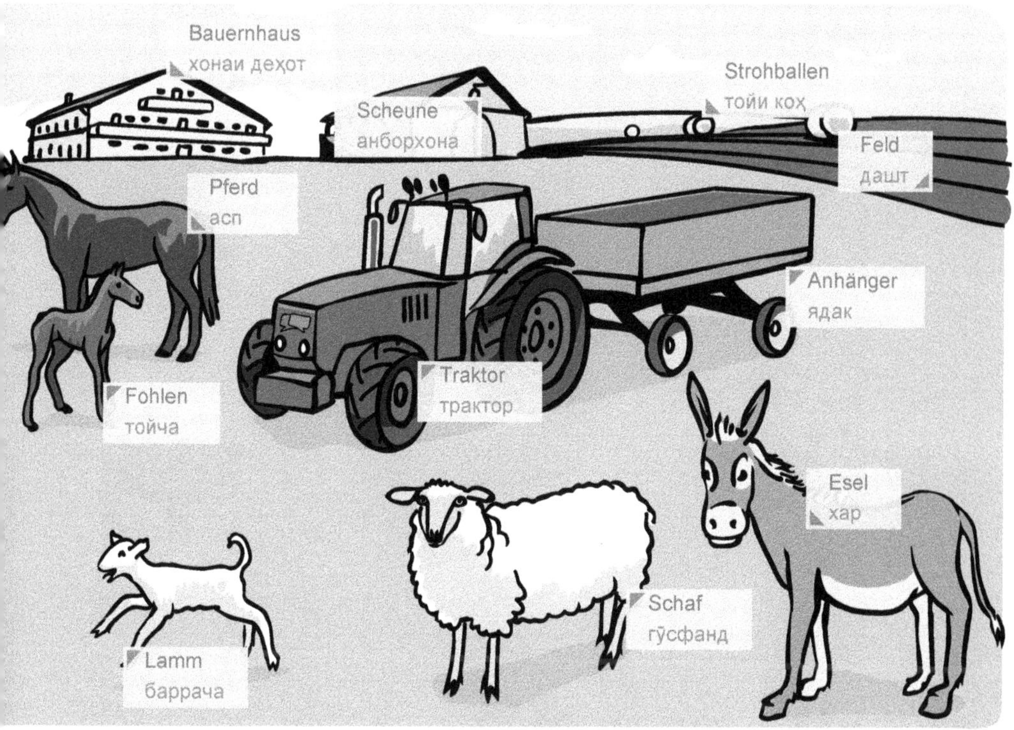

Bauernhaus — хонаи деҳот
Scheune — анборхона
Strohballen — тойи коҳ
Feld — дашт
Pferd — асп
Anhänger — ядак
Fohlen — тойча
Traktor — трактор
Esel — хар
Lamm — баррача
Schaf — гӯсфанд

Ziege
буз

Kuh
гов

Kalb
гӯсола

Schwein
хук

Ferkel
хукча

Stier
буққа

Gans	Ente	Küken
ғоз	мурғобӣ	чӯҷа

Huhn	Hahn	Ratte
мурғ	хурӯс	каламуш

Katze	Maus	Ochse
гурба	муш	барзагов

Hund	Hundehütte	Gartenschlauch
саг	хоначаи саг	рӯдаи резинӣ

Gießkanne	Sense	Pflug
камобӣ метавонад	дос	сипори шудгоркунии замин

Bauernhof - ферма

Sichel
доси

Hacke
каланд

Mistgabel
панҷшоха

Axt
табар

Schubkarre
ароба

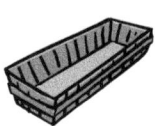

Trog
охур

Milchkanne
зарфи ширгирӣ

Sack
халта

Zaun
девор

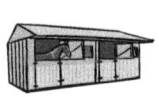

Stall
мӯътадил

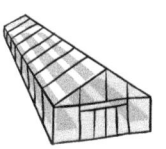

Treibhaus
гармхона

Boden
хок

Saat
тухмӣ

Dünger
нуриҳо

Mähdrescher
комбайни ғаллағундорӣ

Bauernhof - ферма

ernten

ҳосил

Ernte

ҳосил

Yamswurzel

yams

Weizen

гандум

Soja

лубиж

Erdapfel

картошка

Mais

чуворӣ

Raps

донаи маъсар

Obstbaum

дарахти мева

Maniok

manioc

Getreide

ғалладона

Bauernhof - ферма

Haus
хона

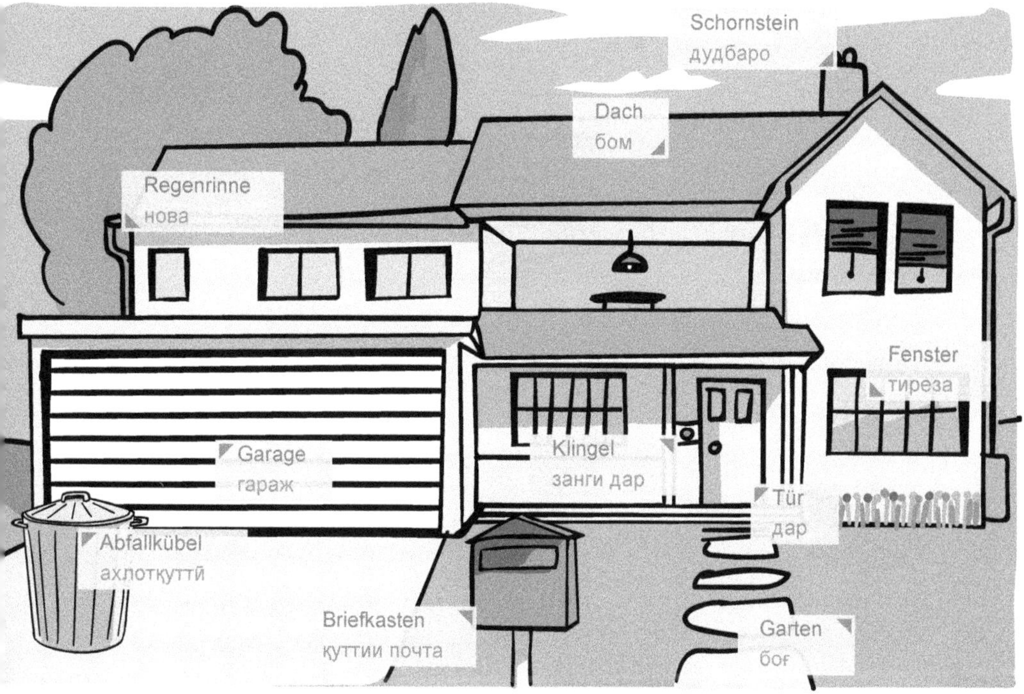

- Schornstein — дудбаро
- Dach — бом
- Regenrinne — нова
- Fenster — тиреза
- Garage — гараж
- Klingel — занги дар
- Tür — дар
- Abfallkübel — ахлоткуттӣ
- Briefkasten — куттии почта
- Garten — боғ

Wohnzimmer
мехмонхона

Badezimmer
ҳамом

Küche
ошхона

Schlafzimmer
хонаи хоб

Kinderzimmer
ҳуҷраи кӯдакона

Esszimmer
ошхона

Haus - хона

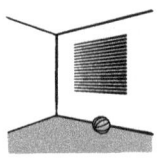	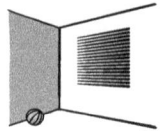	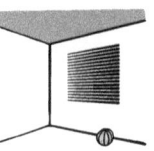
Boden	Wand	Decke
ошёна	девор	шифт
		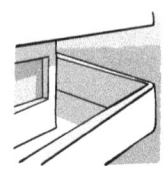
Keller	Sauna	Balkon
тагзаминӣ	сауна	балкон
	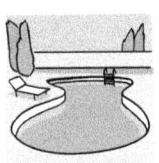	
Terrasse	Schwimmbad	Rasenmäher
суфача	ҳавз	мошини алафдарав
		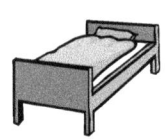
Bettbezug	Bettdecke	Bett
варақ	кампал	кат

Besen	Kübel	Schalter
ҷорӯб	сатил	калид

Haus - хона

Wohnzimmer
мехмонхона

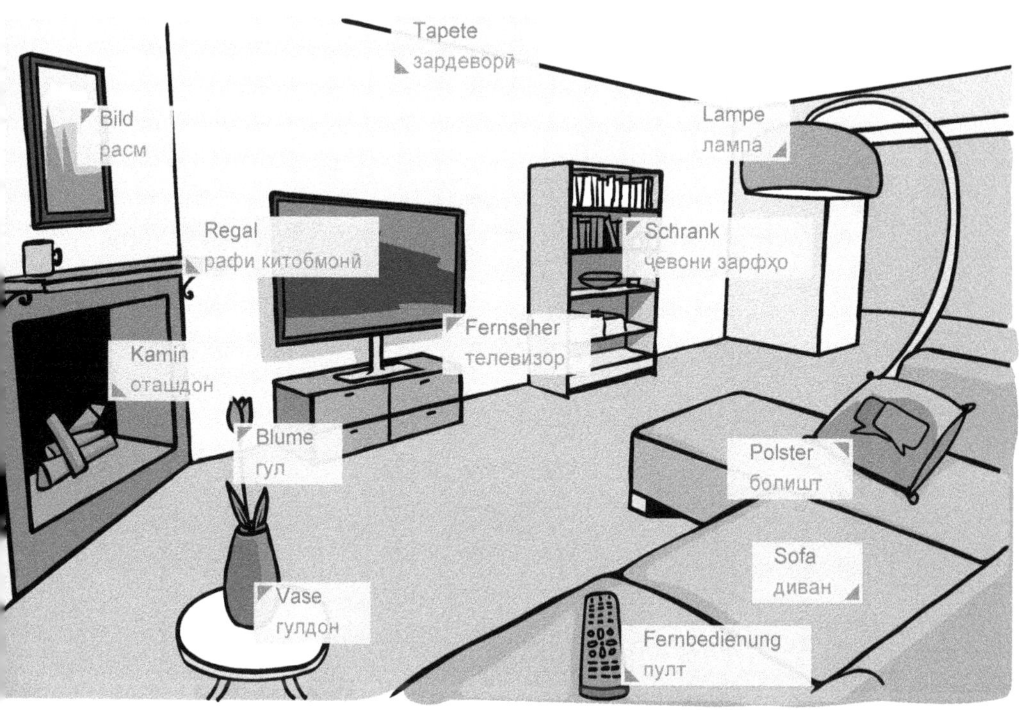

- Tapete — зардеворӣ
- Bild — расм
- Lampe — лампа
- Regal — рафи китобмонӣ
- Schrank — чевони зарфҳо
- Kamin — оташдон
- Fernseher — телевизор
- Blume — гул
- Polster — болишт
- Vase — гулдон
- Sofa — диван
- Fernbedienung — пулт

Teppich
қолин

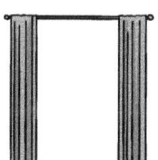

Vorhang
парда

Tisch
мизи

Sessel
курсӣ

Schaukelstuhl
rocking кафедраи

Sessel
курсӣ

 Buch китоб	 Decke курпа	 Dekoration ороиш
 Feuerholz ҳезум	 Film филм	 Stereoanlage дастгоҳи hi-fi
 Schlüssel калид	 Zeitung рӯзнома	 Gemälde расм
 Poster эълон	 Radio радио	 Notizblock китобчаи қайдҳо
 Staubsauger чангкашак	 Kaktus кактус	 Kerze шам

Wohnzimmer - мехмонхона

Küche
ошхона

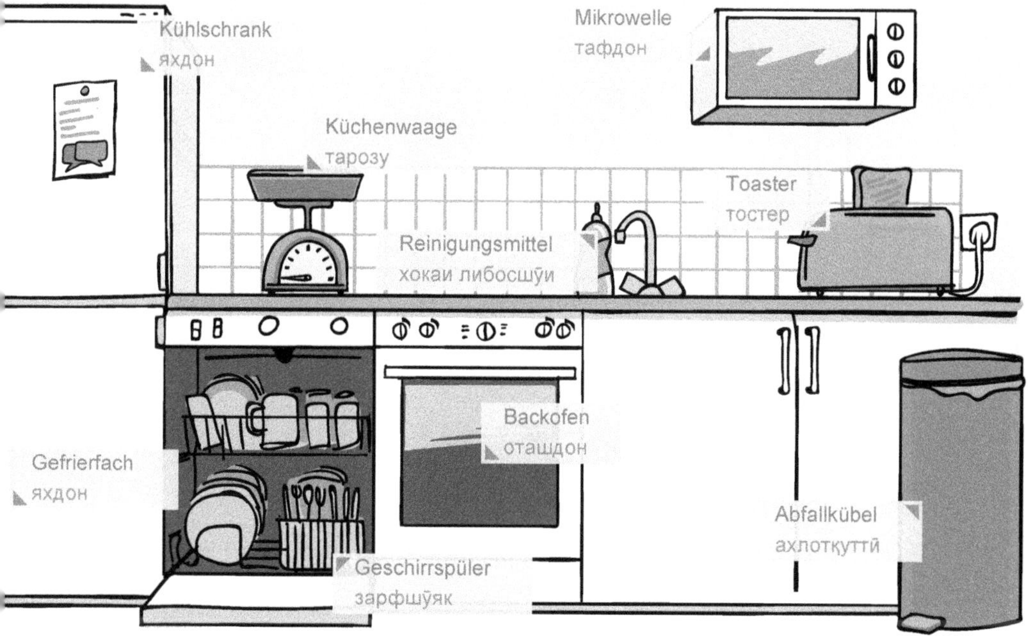

Kühlschrank
яхдон

Küchenwaage
тарозу

Mikrowelle
тафдон

Toaster
тостер

Reinigungsmittel
хокаи либосшӯи

Gefrierfach
яхдон

Backofen
оташдон

Geschirrspüler
зарфшӯяк

Abfallkübel
ахлотқуттӣ

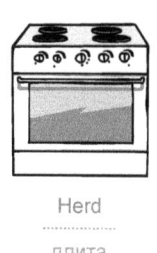

Herd
плита

Topf
тубак

Eisentopf
дег

Wok / Kadai
дег / кадӣ

Pfanne
тоба

Wasserkocher
чойник

Küche - ошхона

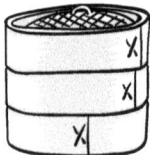	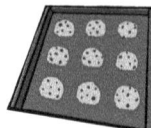	
Dampfgarer	Backblech	Geschirr
steamer	лист	зарф

Becher	Schale	Essstäbchen
кружка	коса	чубаки хурокхӯрӣ

Schöpflöffel	Pfannenwender	Schneebesen
кафлези	кафлези ҳамвор	whisk

Kochsieb	Sieb	Reibe
strainer	элак	турбтарошак
	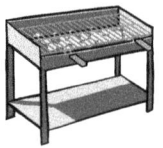	
Mörser	Grill	Kaminfeuer
миномет	Кабоб Кардан	оташ кушод

Küche - ошхона

Schneidebrett

тахтаи резакунӣ

Nudelholz

чӯба

Korkenzieher

пӯккашак

Dose

банка

Dosenöffner

консервокушояк

Topflappen

дастак

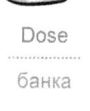

Waschbecken

дастшӯяк

Bürste

чӯтка

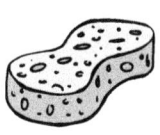

Schwamm

исфанҷ

Mixer

блендер

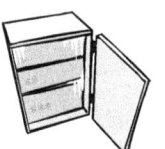

Gefriertruhe

сармодон

Babyflasche

шишача

Wasserhahn

чумак

Küche - ошхона

Badezimmer
ҳамом

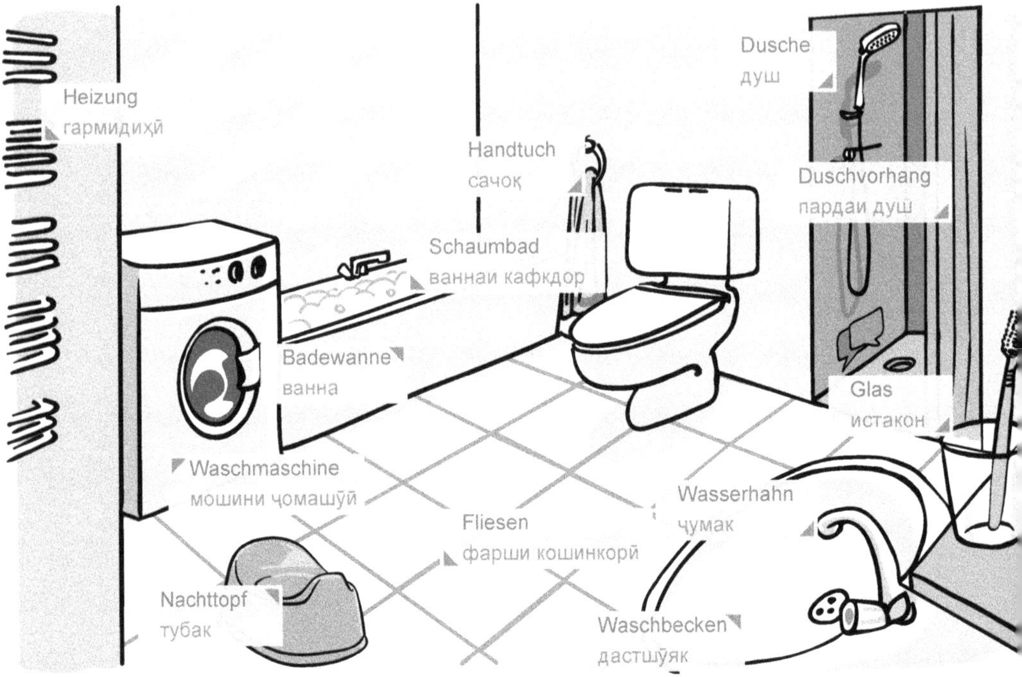

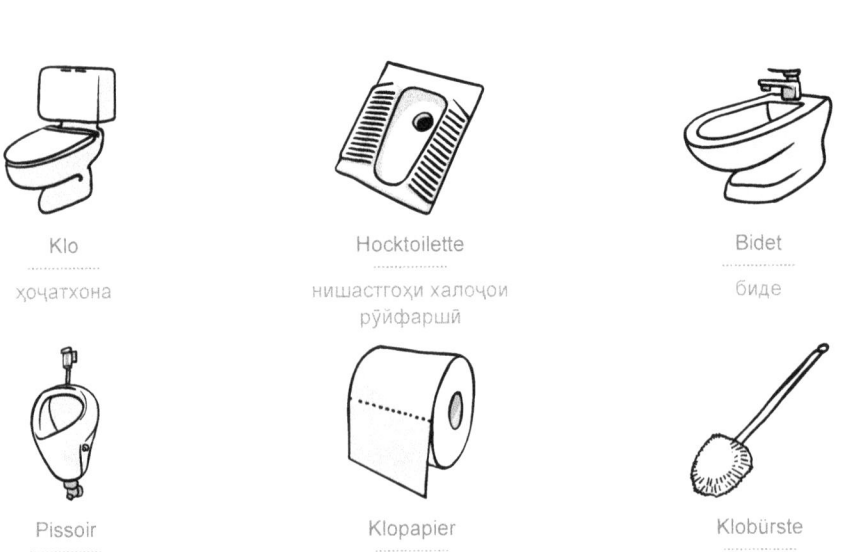

Klo	Hocktoilette	Bidet
ҳоҷатхона	нишастгоҳи халоҷои рӯйфарши	биде
Pissoir	Klopapier	Klobürste
ҳоҷатхонаи мардона	коғази ташноб	чӯткаи ҳоҷатхона

Labels in illustration:
- Heizung — гармидиҳӣ
- Dusche — душ
- Handtuch — сачоқ
- Duschvorhang — пардаи душ
- Schaumbad — ваннаи кафкдор
- Badewanne — ванна
- Glas — истакон
- Waschmaschine — мошини ҷомашӯй
- Wasserhahn — ҷумак
- Fliesen — фарши кошинкорӣ
- Nachttopf — тубак
- Waschbecken — дастшӯяк

Zahnbürste

дандоншӯяк

Zahnpasta

хамираи дандоншӯи

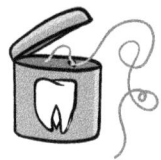

Zahnseide

риштаи дандонтозакунӣ

waschen

шӯстан

Handbrause

души дастӣ

Intimdusche

обшӯй

Waschschüssel

ҳавза

Rückenbürste

шона кардани мӯй

Seife

собун

Duschgel

гел барои душ

Shampoo

шампун

Waschlappen

бумазӣ

Abfluss

заҳкаш

Creme

крем

Deodorant

дезодорант

Badezimmer - ҳамом

Spiegel
оина

Kosmetikspiegel
оинаи дастӣ

Rasierer
риштарошаки барқи

Rasierschaum
кафк барои риштарошӣ

Rasierwasser
оби мушкини баъди риштарошӣ

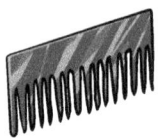
Kamm
шона

Bürste
чӯтка

Föhn
мӯйхушкунак

Haarspray
лак барои мӯй

Makeup
косметика

Lippenstift
лабсурхкунак

Nagellack
лок барои нохун

Watte
пахта

Nagelschere
қайчии нохунгирӣ

Parfum
атриёт

Badezimmer - ҳамом

Kulturbeutel

ҷузвдони косметики

Hocker

қазои ҳоҷат

Waage

тарозу

Bademantel

хилъат

Gummihandschuhe

дастпӯшак резина

Tampon

тампон

Damenbinde

дастмоли санитарӣ

Chemietoilette

био-ҳоҷатхона

Badezimmer - ҳамом

Kinderzimmer

ҳуҷраи кӯдакона

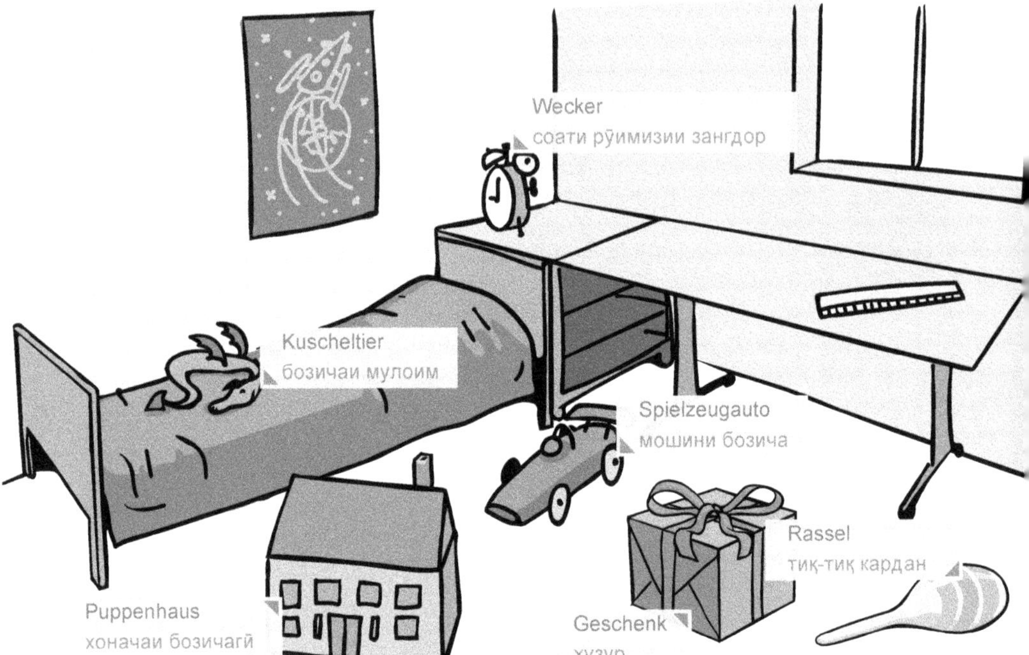

Wecker
соати рӯимизии зангдор
Kuscheltier
бозичаи мулоим
Spielzeugauto
мошини бозича
Rassel
тиқ-тиқ кардан
Puppenhaus
хоначаи бозичагӣ
Geschenk
ҳузур

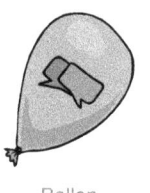

Ballon

пуфак

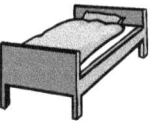

Bett

кат

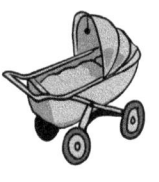

Kinderwagen

аробочаи кудакона

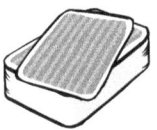

Kartenspiel

маҷмӯи кортҳо

Puzzle

бозии муамоёбӣ

SUPER MEGA

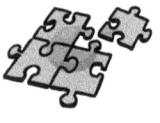

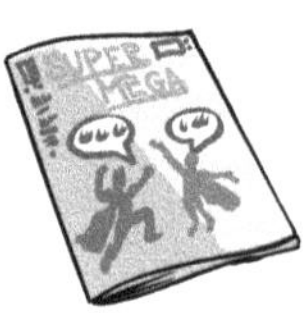

Comic

комикс

Legosteine
хиштҳои лего

Bausteine
мағозаи бозичафурӯхтан

Actionfigur
рақам амал

Strampelanzug
либоси ғаваккашӣ

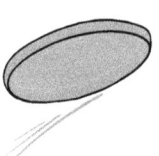
Frisbee
фрисби

Mobile
мобилӣ

Brettspiel
лавҳачаи бозӣ

Würfel
кубик

Modelleisenbahn
маҷмӯи модели қатора

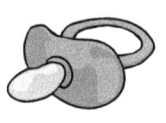
Schnuller
пистонак

Party
ҳизб

Bilderbuch
китоби расм

Ball
тӯб

Puppe
лӯхтак

spielen
бози кардан

Kinderzimmer - ҳуҷраи кӯдакона

Sandkasten
куттии рег

Schaukel
арғунчак

Spielzeug
бозича

Spielkonsole
консоли бозиҳои видеой

Dreirad
велосипеди сечарха

Teddy
хирсаки бахмалии патдор

Kleiderschrank
чевон

Kleidung
либос

Socken
ҷуроб

Strümpfe
ҷуроби соқбаланд

Strumpfhose
колготки

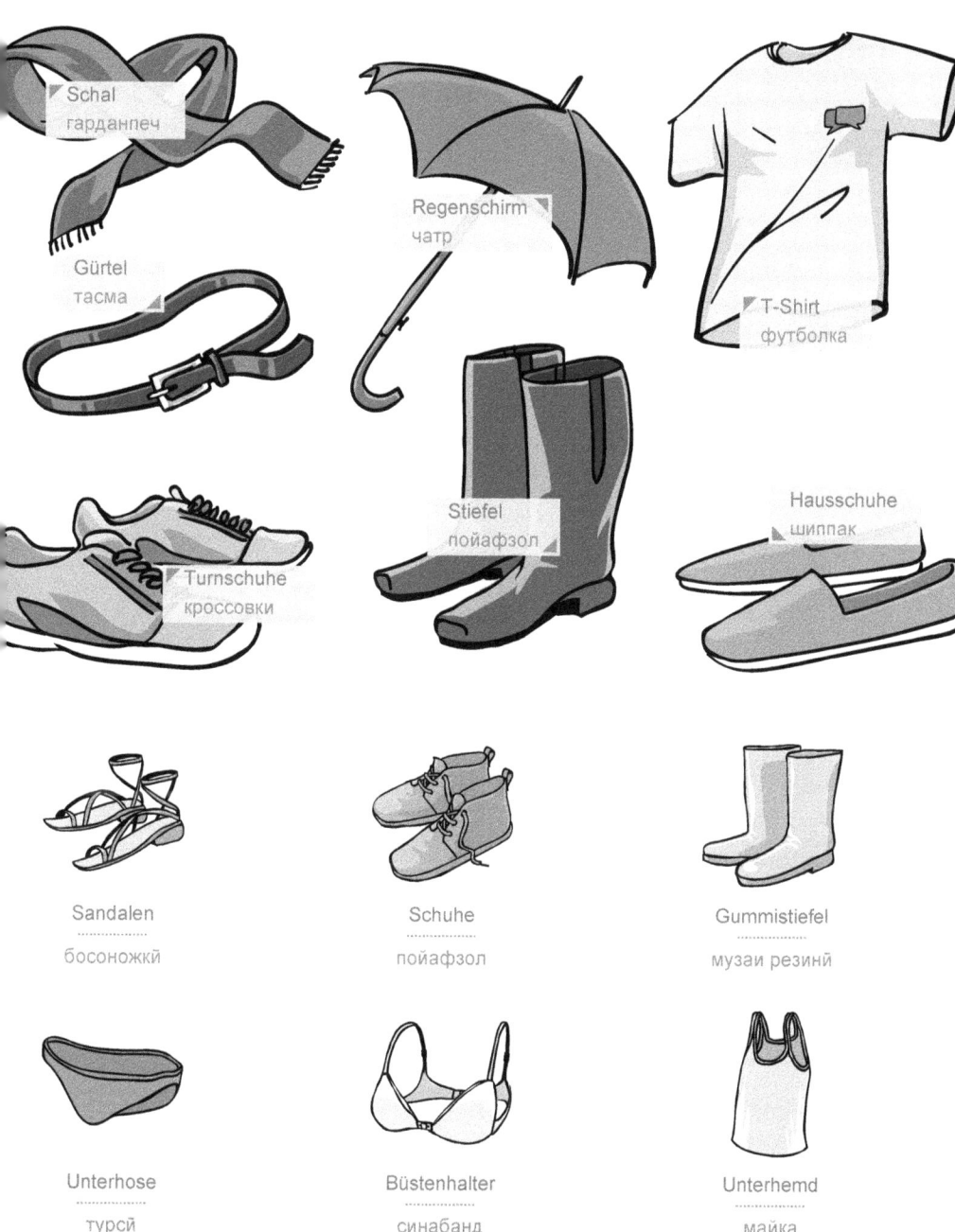

Body

бадан

Hose

шим

Jeans

ҷинс

Rock

юбка

Bluse

куртаи нимтаи занона

Hemd

курта

Pullover

свитер

Kapuzenpullover

свитер

Blazer

пиҷак

Jacke

нимтана

Mantel

палто

Regenmantel

плаш

Kostüm

костюм

Kleid

куртаи занона

Hochzeitskleid

либос тӯйи

Kleidung - либос

Anzug
костюм

Nachthemd
куртаи хоб

Pyjama
пижама

Sari
Сари

Kopftuch
рӯймол

Turban
салла

Burka
ниқобу

Kaftan
кафтан

Abaya
абая

Badeanzug
либоси обозӣ

Badehose
эзорчаи шиноварии мардона

kurze Hose
шорти

Jogginganzug
либоси варзишӣ

Schürze
пешбанд

Handschuhe
дастпӯшак

Kleidung - либос

Knopf

тугма

Brille

айнак

Armband

дастпона

Halskette

гарданбанд

Ring

ангуштарин

Ohrring

гӯшвора

Mütze

кулоҳ

Kleiderbügel

либосовезак

Hut

кулоҳ

Krawatte

галстук

Reißverschluss

занҷирак

Helm

тоскулоҳ

Hosenträger

шимбардор

Schuluniform

либоси мактабӣ

Uniform

либоси

Kleidung - либос

Lätzchen
пешгир

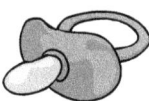
Schnuller
пистонак

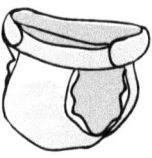
Windel
подгузник

Büro
идора

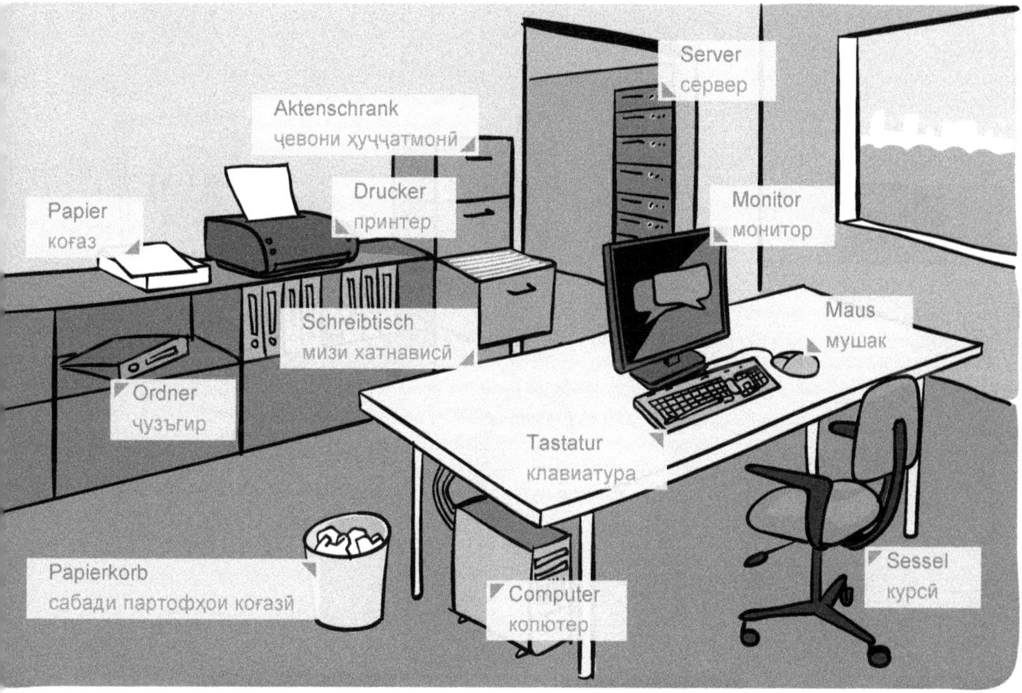

- Server — сервер
- Aktenschrank — ҷевони ҳуҷҷатмонӣ
- Drucker — принтер
- Papier — коғаз
- Monitor — монитор
- Schreibtisch — мизи хатнависӣ
- Maus — мушак
- Ordner — ҷузъгир
- Tastatur — клавиатура
- Papierkorb — сабади партофҳои коғазӣ
- Computer — комютер
- Sessel — курсӣ

Kaffeebecher
кружкаи қаҳванӯшӣ

Taschenrechner
калкулятор

Internet
интернет

Büro - идора

Laptop

ноутбук

Brief

мактуб

Nachricht

хабар

Handy

телефони мобилӣ

Netzwerk

шабака

Kopierer

нусхабардор

Software

нармафзор

Telefon

телефон

Steckdose

розетка

Fax

факс

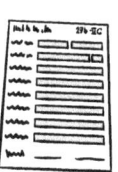

Formular

шакл

Dokument

ҳуҷҷат

Wirtschaft
иқтисодиёт

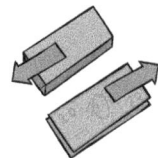

kaufen
харидан

bezahlen
пардохт

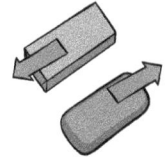

handeln
савдо

Geld
пул

Dollar
доллар

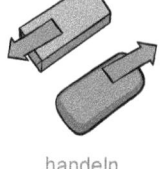

Euro
евро

Yen
йен

Rubel
рубл

Franken
франки швейцариягӣ

Renminbi Yuan
юан

Rupie
рупӣ

Bankomat
нуқтаи нақд

Wechselstube

нуқтаи мубодилаи асъор

Gold

тилло

Silber

нуқра

Öl

равғани растанӣ

Energie

энерги

Preis

нарх

Vertrag

шартнома

Steuer

андоз

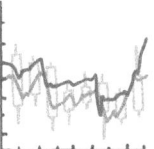

Aktie

саҳмия

arbeiten

кор

Angestellte

хизматчӣ

Arbeitgeber

соҳибкор

Fabrik

завод

Geschäft

сехи

Wirtschaft - иқтисодиёт

Berufe
касбҳо

Polizist
корманди полис

Feuerwehrmann
сӯхторхомушкун

Koch
ошпаз

Ärztin
духтур

Pilot
халабон

Gärtner

боғбон

Tischler

чӯбтарош

Schneiderin

дӯзанда

Richter

судя

Chemikerin

кимиёшинос

Schauspieler

актер

Busfahrer

ронандаи автобус

Taxifahrer

таксист

Fischer

моҳигир

Putzfrau

фаррошзан

Dachdecker

устои бомпӯш

Kellner

пешхизмат

Jäger

шикорчӣ

Maler

рассом

Bäcker

нонвой

Elektriker

барқ

Bauarbeiter

сохтмончӣ

Ingenieur

инженер

Schlachter

қассоб

Installateur

устои шабакаи об

Briefträgerin

хаткашон

Berufe - касбҳо

Soldat
сарбоз

Architekt
меъмор

Kassiererin
кассир

Blumenhändlerin
гулфурӯш

Friseur
сартарош

Schaffner
кондуктор

Mechaniker
механик

Kapitän
капатан

Zahnärztin
духтури дандон

Wissenschaftler
олим

Rabbi
хохом

Imam
имом

Mönch
шайх

Pfarrer
саркоҳин

Berufe - касбҳо

Werkzeuге
асбобхо

Hammer
болғача

Zange
анбӯри паҳннӯл

Schraubenzieher
мурваттобак

Schraubenschlüssel
калиди гайкатобӣ

Taschenlampe
фонуси дастӣ

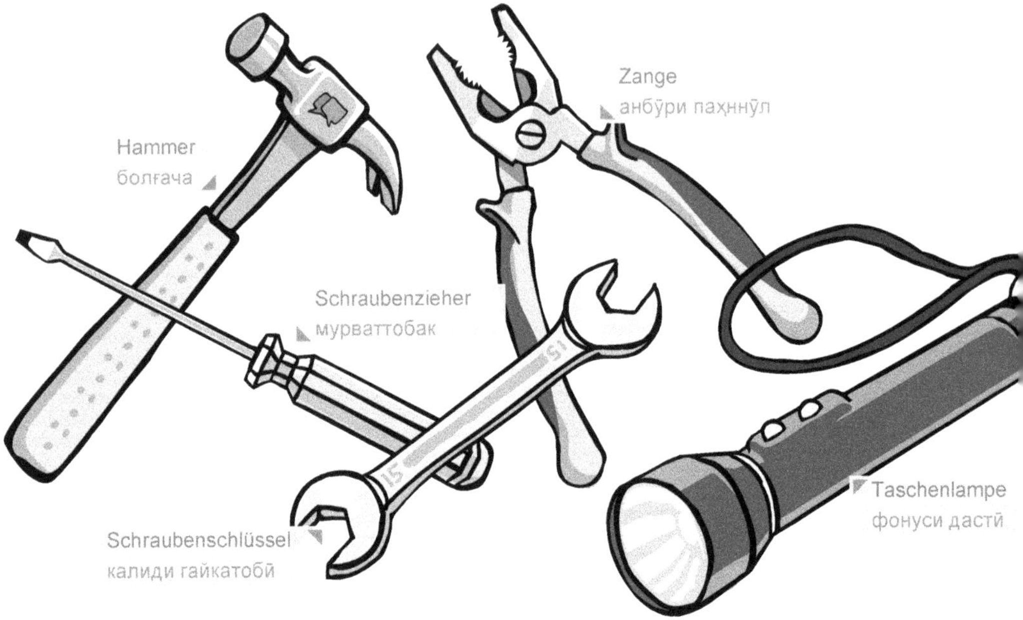

Bagger

экскаватор

Werkzeugkasten

қутии асбобхо

Leiter

зинапоя

Säge

арра

Nägel

мехҳо

Bohrer

пармаи электрикӣ

reparieren
таъмир

Schaufel
бел

Scheiße!
Сабил монад!

Kehrschaufel
белчаи хокрӯбагирӣ

Farbtopf
сатили ранг

Schrauben
мехи печдор

Musikinstrumente
асбобҳои мусиқӣ

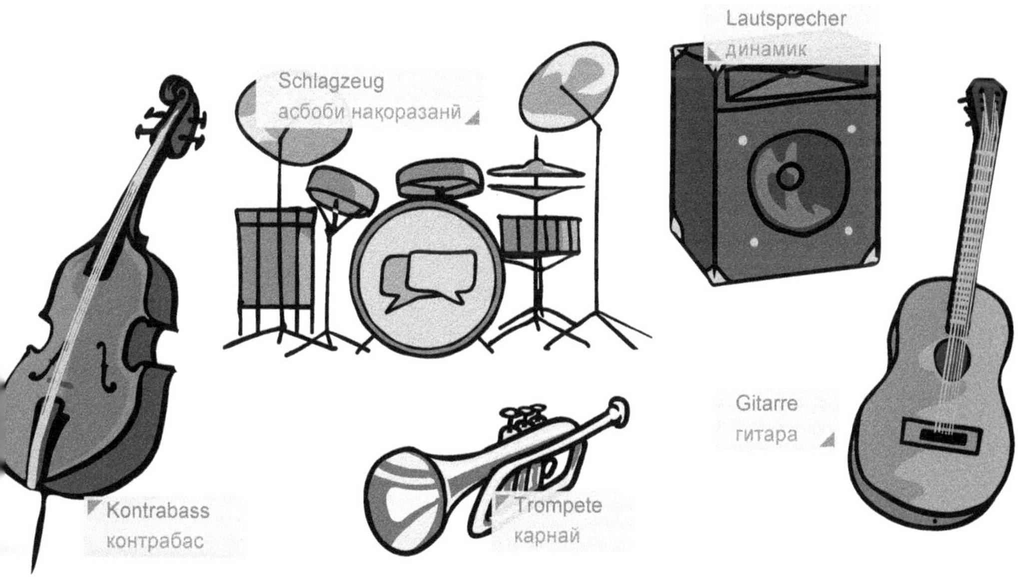

Lautsprecher
динамик

Schlagzeug
асбоби нақоразанӣ

Gitarre
гитара

Kontrabass
контрабас

Trompete
карнай

Klavier
пианино

Violine
ғиччак

Bass
бас-гитара

Pauke
нақораи поядор

Trommeln
нақора

Tastatur
клавиатура

Saxophon
саксофон

Flöte
най

Mikrofon
баландгӯяд

Musikinstrumente - асбобҳои мусиқӣ

Zoo
боғи ҳайвонот

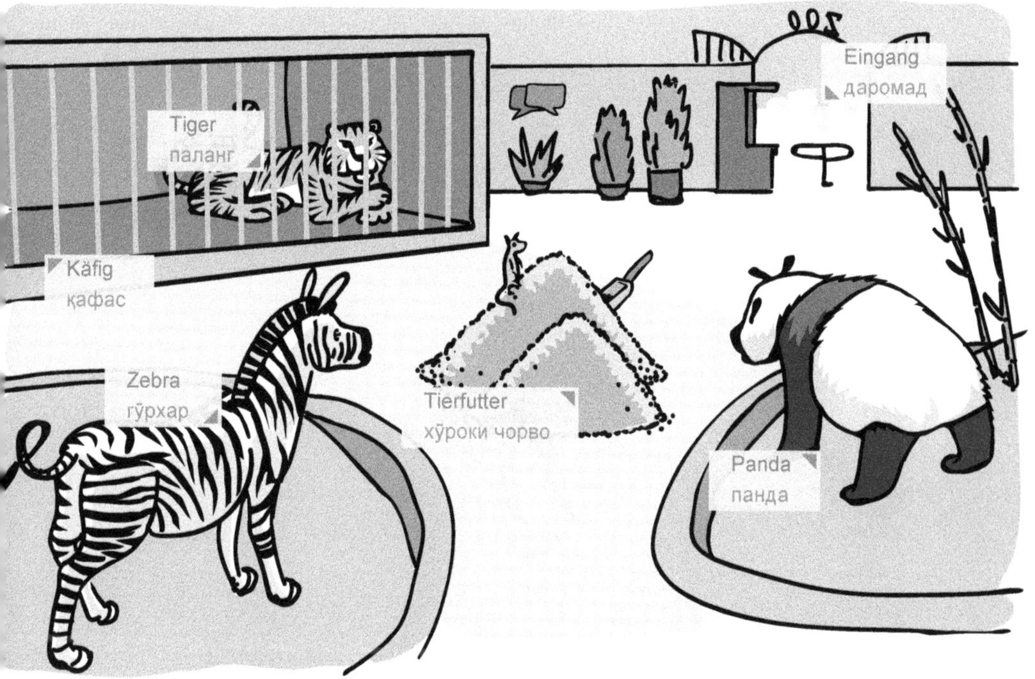

Eingang
даромад

Tiger
паланг

Käfig
қафас

Zebra
гўрхар

Tierfutter
хўроки чорво

Panda
панда

Tiere
ҳайвонот

Elefant
фил

Känguru
кенгуру

Nashorn
каркадан

Gorilla
горилла

Bär
хирси бўр

Kamel
шутур

Strauß
шутурмурғ

Löwe
шер

Affe
маймун

Flamingo
бутимор

Papagei
тӯти

Eisbär
хирси сафед

Pinguin
пингвин

Hai
наҳанг

Pfau
товус

Schlange
мор

Krokodil
тимсоҳ

Zoowärter
посбон

Robbe
сил

Jaguar
ягуар

Zoo - боғи ҳайвонот

Pony

аспи кӯтоҳқад

Leopard

леопард

Nilpferd

баҳмут

Giraffe

заррофа

Adler

уқоб

Wildschwein

хуки ваҳшӣ

Fisch

моҳӣ

Schildkröte

сангпушт

Walross

морж

Fuchs

рӯбоҳ

Gazelle

ғизол/оҳу

Sport
варзиш

American Football
футболи амрикои

Radfahren
велосипедронӣ

Tennis
теннис

Basketball
баскетбол

Schwimmen
шиноварӣ

Boxen
бокс

Eishockey
хоккей

Fußball
футбол

Badminton
бадмингтон

Leichtathletik
атлетика

Handball
гандбол

Skifahren
лижаронӣ

Polo
тӯббозӣ бо асп

Aktivitäten
фаъолият

- springen — паридан
- lachen — ханда
- umarmen — оғӯш гирифтан
- gehen — пиёда рафтан
- singen — шеър хондан
- träumen — орзӯ кардан
- beten — ибодат кардан
- küssen — бӯса кардан

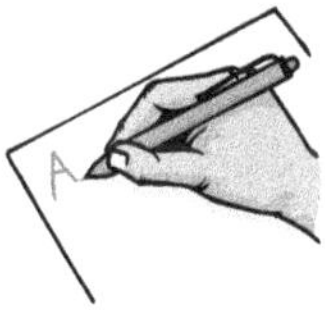

schreiben
навиштан

zeichnen
кашидан

zeigen
нишон додан

drücken
тела додан

geben
додан

nehmen
гирифтан

Aktivitäten - фаъолият

haben
доранд

machen
кор

sein
бошад

stehen
истодан

laufen
давидан

ziehen
кашидан

werfen
партофтан

fallen
афтидан

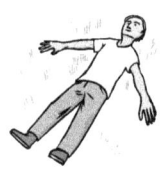

liegen
дароз кашидан

warten
интизор шудан

tragen
бардошта бурдан

sitzen
нишастан

anziehen
либос пӯшидан

schlafen
хобин

aufwachen
бедор шудан

ansehen
нигоҳ кардан

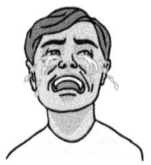
weinen
гиря кардан

streicheln
сила кардан

frisieren
шона

reden
гап задан

verstehen
фаҳмидан

fragen
пурсидан

hören
гӯш кардан

trinken
нӯштдан

essen
хӯрдан

zusammenräumen
ғундоштан

lieben
ишқ

kochen
ошпаз

fahren
рондан

fliegen
парвоз кардан

Aktivitäten - фаъолият

segeln

бо бодбон ҳаракат кардан

rechnen

ҳисоб кардан

lesen

хондан

lernen

омӯхтан

arbeiten

кор

heiraten

оиладор шудан

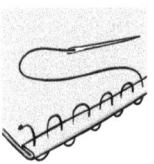

nähen

дӯхтан

Zähne putzen

дадон шӯстан

töten

куштан

rauchen

дуд

senden

фиристодан

Aktivitäten - фаъолият

Familie
оила

Großmutter
биби

Großvater
бобо

Vater
падар

Mutter
модар

Baby
кӯдак

Tochter
хоҳар

Sohn
писар

Gast

меҳмон

Tante

хола

Onkel

амак

Bruder

бародар

Schwester

хоҳар

Körper
бадан

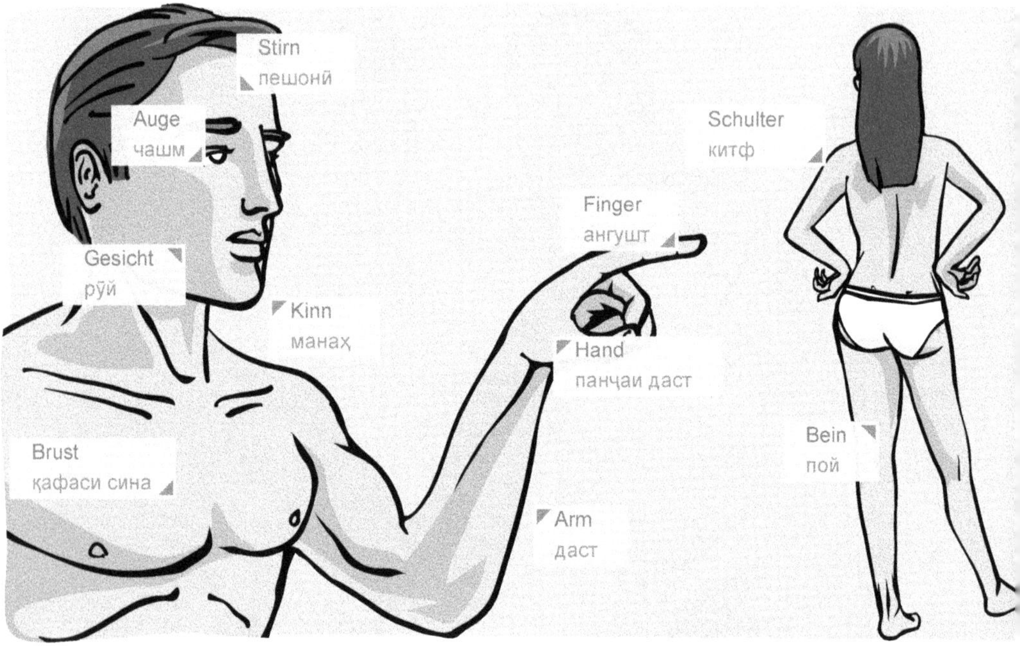

- Stirn / пешонӣ
- Auge / чашм
- Gesicht / рӯй
- Kinn / манаҳ
- Brust / қафаси сина
- Schulter / китф
- Finger / ангушт
- Hand / панҷаи даст
- Arm / даст
- Bein / пой

Baby
кӯдак

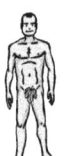

Mann
мард

Frau
зан

Mädchen
духтар

Junge
писар

Kopf
сар

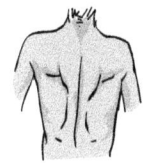

Rücken

пушт

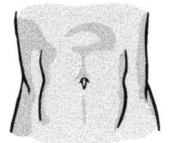

Bauch

шикам

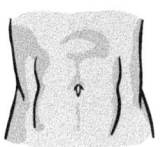

Nabel

ноф

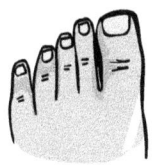

Zeh

ангушти пой

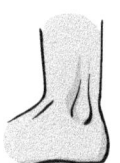

Ferse

пошнаи пой

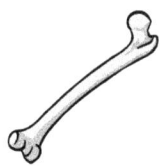

Knochen

устухон

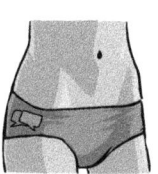

Hüfte

рон

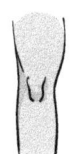

Knie

зону

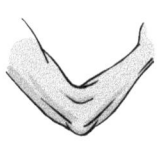

Ellbogen

оринҷ

Nase

бинӣ

Gesäß

таг

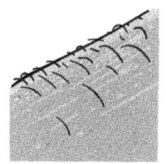

Haut

пӯст

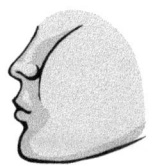

Wange

рухсора

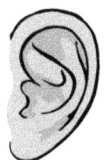

Ohr

гӯш

Lippe

лаб

Körper - бадан

Mund

даҳон

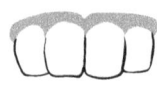

Zahn

дадон

Zunge

забон

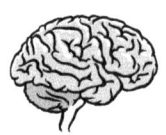

Gehirn

майнаи сар

Herz

дил

Muskel

мушак

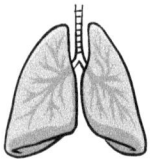

Lunge

шуш

Leber

ҷигар

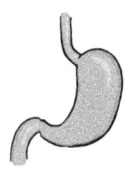

Magen

меъда

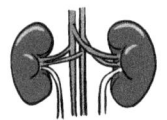

Nieren

гурдаҳо

Geschlechtsverkehr

алоқаи ҷинсӣ

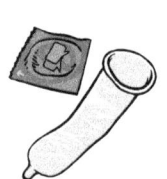

Kondom

рифола

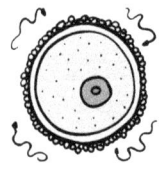

Eizelle

тухмҳуҷаира

Sperma

нутфа

Schwangerschaft

ҳомиладорӣ

Körper - бадан

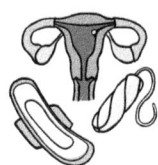		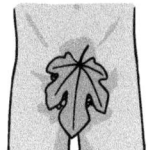
Menstruation ҳайз	Vagina маҳбал	Penis кер
		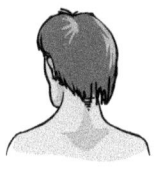
Augenbraue абрӯ	Haar мӯй	Hals гардан

Körper - бадан

Spital
бемористон

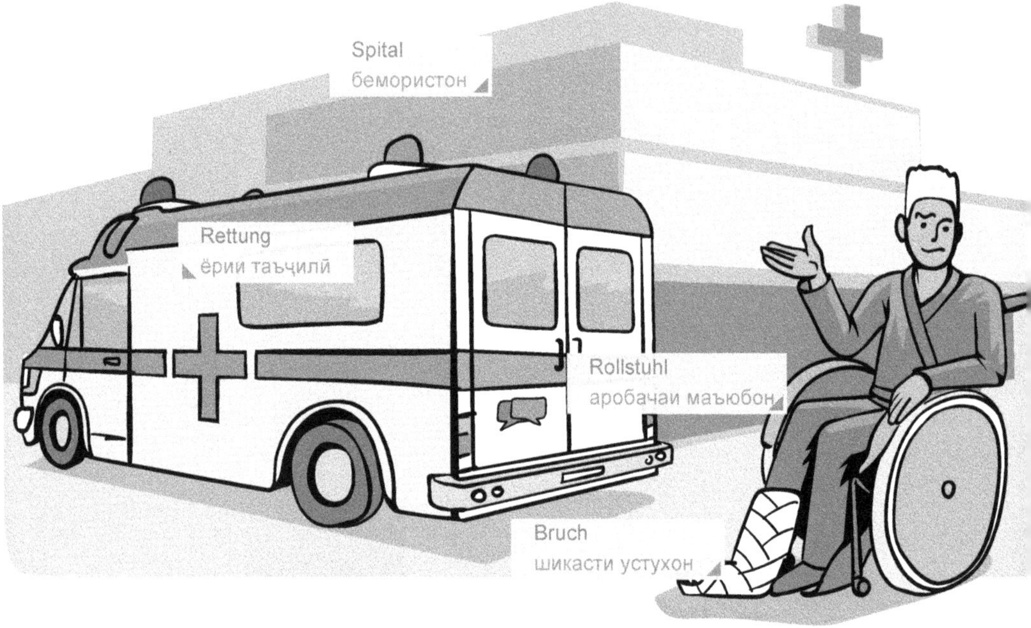

Spital
бемористон

Rettung
ёрии таъҷилӣ

Rollstuhl
аробачаи маъюбон

Bruch
шикасти устухон

Ärztin

духтур

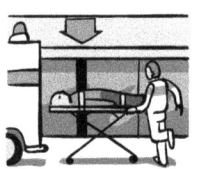

Notaufnahme

ҳуҷраи ёрии фаврӣ

Krankenschwester

ҳамшираи тиббӣ

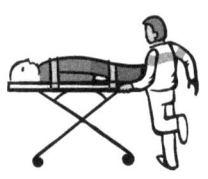

Notfall

ҳолати фавқулодда

ohnmächtig

беҳуш

Schmerz

дард

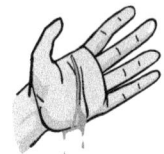

Verletzung

ҷароҳат

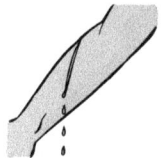

Blutung

хунравӣ

Herzinfarkt

дилзанак

Schlaganfall

сактаи майна

Allergie

аллергия

Husten

сулфа

Fieber

табларза

Grippe

грипп

Durchfall

шикамравӣ

Kopfschmerzen

сардард

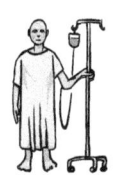

Krebs

саратон

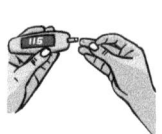

Diabetes

диабет

Chirurg

ҷарроҳ

Skalpell

скалпел

Operation

ҷарроҳӣ

Spital - бемористон

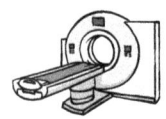
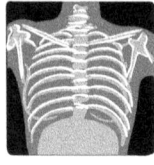
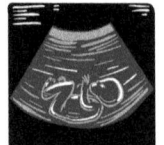

CT	Röntgen	Ultraschall
Томографияи компютерӣ	шӯъои ренгенӣ	ултрасадо

Maske	Krankheit	Wartezimmer
ниқоби рӯй	беморӣ	ҳуҷраи интизорӣ

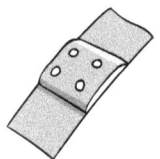

Krücke	Pflaster	Verband
асобағал	марҳам	дока

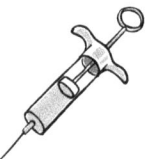
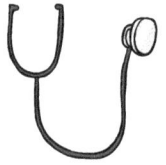
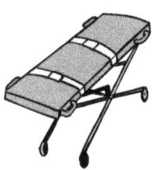

Injektion	Stethoskop	Trage
сӯзандору	стетоскоп	занбар

Thermometer	Geburt	Übergewicht
ҳароратсанҷ	таваллуд	вазни зиёдатӣ

Spital - бемористон

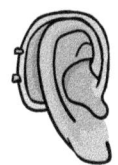
Hörgerät
тачҳизоти шунавой

Desinfektionsmittel
моддаи безараргардонӣ

Infektion
инфексия

Virus
вирус

HIV / AIDS
ВИЧ / СПИД

Medizin
дору

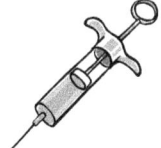
Impfung
ваксинатсия

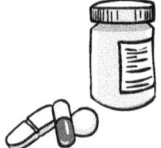
Tabletten
ҳабҳо

Pille
ҳаб

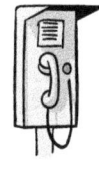
Notruf
занги изтирорӣ

Blutdruckmesser
монитори фишори хун

krank / gesund
бемор/солим

Spital - бемористон

Notfall
ҳолати фавқулодда

Hilfe!
Кумак!

Alarm
хушдор

Uberfall
хучум

Angriff
ҳамла

Gefahr
хатар

Notausgang
баромадгоҳи таҳлиявӣ

Feuer!
Сӯхтор!

Feuerlöscher
оташнишон

Unfall
садама

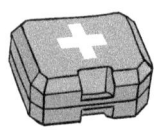

Erste-Hilfe-Koffer
дорукуттӣ

SOS
бонги хатар

Polizei
полис

Erde
замин

Europa
Аврупо

Nordamerika
Америкаи Шимолӣ

Südamerika
Америкаи Ҷанубӣ

Afrika
Африка

Asien
Осиё

Australien
Австралия

Atlantik
Уқёнуси Атлантик

Pazifik
Уқёнуси Ором

Indische Ozean
Уқёнуси Ҳинд

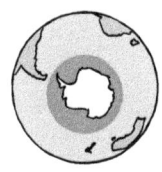

Antarktische Ozean
Уқёнуси Антарктика

Arktische Ozean
Уқёнуси Арктика

Nordpol
Қутби шимол

Südpol — Antarktis — Erde
Қутби ҷануб — Антарктика — замин

  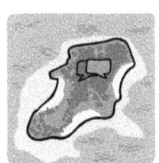

Land — Meer — Insel
замин — баҳр — ҷазира

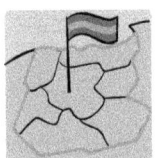 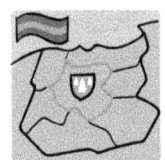

Nation — Staat
миллат — давлат

Uhr
вақт

Ziffernblatt
сиферблат

Stundenzeiger
ақрабаки соат

Minutenzeiger
ақрабаки дақиқашумор

Sekundenzeiger
ақрабаки сонияшумор

Wie spät ist es?
Соат чанд?

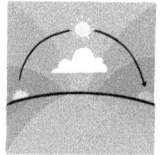
Tag
рӯз

Zeit
замон

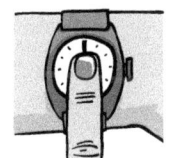
jetzt
ҳозир

Digitaluhr
соати электронӣ

Minute
лаҳза

Stunde
соат

Uhr - вақт

Woche
ҳафта

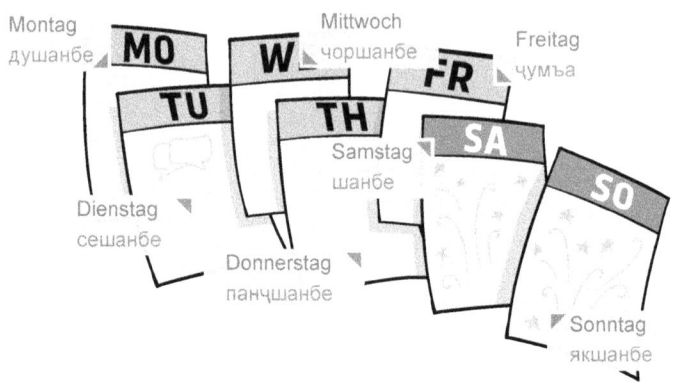

Montag — душанбе
Dienstag — сешанбе
Mittwoch — чоршанбе
Donnerstag — панҷшанбе
Freitag — ҷумъа
Samstag — шанбе
Sonntag — якшанбе

gestern — дирӯз   heute — имрӯз   morgen — фардо

Morgen — пагоҳирӯзӣ   Mittag — нимрӯз   Abend — шом

Arbeitstage — рӯзҳои корӣ

Wochenende — истироҳат

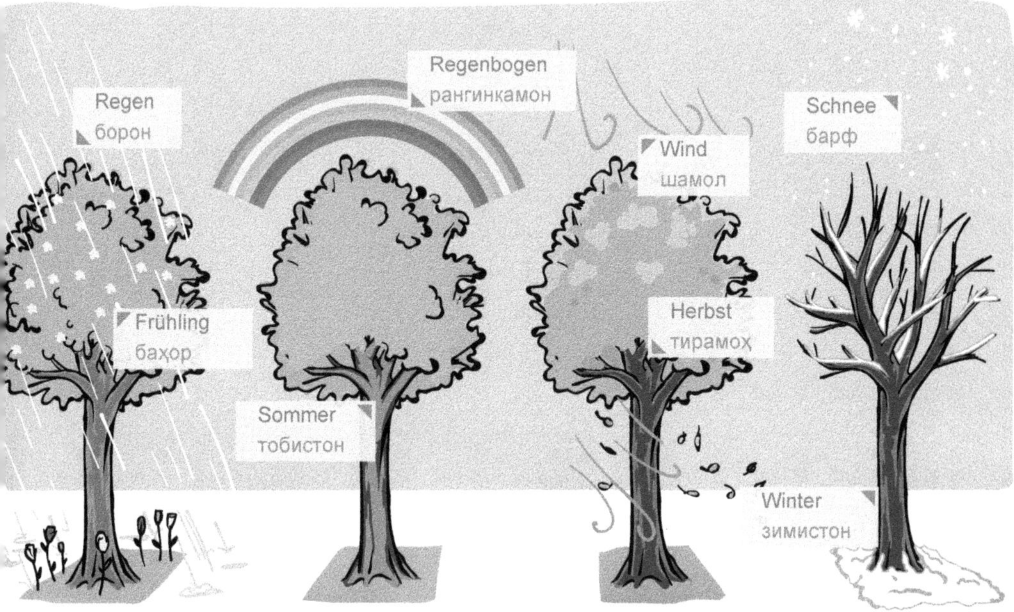

Jahr
сол

Regen
борон

Regenbogen
рангинкамон

Schnee
барф

Wind
шамол

Frühling
баҳор

Herbst
тирамоҳ

Sommer
тобистон

Winter
зимистон

Wettervorhersage

Обу ҳаво

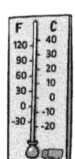

Thermometer

ҳароратсанҷ

Sonnenschein

равшании офтоб

Wolke

абр

Nebel

туман

Luftfeuchtigkeit

намнок

Blitz

барқ

Donner

тундар

Sturm

тўфон

Hagel

жола

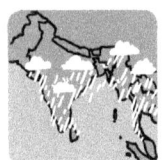

Monsun

муссон

Flut

обхезӣ

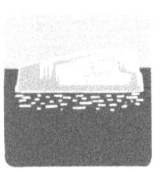

Eis

ях

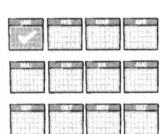

Jänner

январ

Februar

феврал

März

март

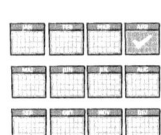

April

апрел

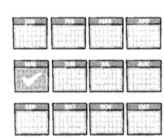

Mai

май

Juni

июн

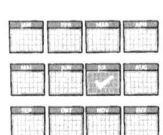

Juli

июл

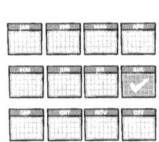

August

август

Jahr - сол

September

сентябр

Oktober

октябр

November

ноябр

Dezember

декабр

Formen
баст

Kreis

давра

Quadrat

мураббаъ

Rechteck

росткунья

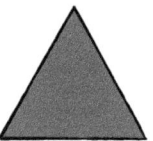

Dreieck

секунья

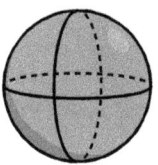

Kugel

соньаи

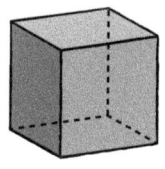

Würfel

мукааб

Farben
рангҳо

weiß

гулобӣ

gelb

хокистаранг

orange

зард

pink

бунафшранг

rot

сурх

lila

қаҳваранг

blau

кабуд

grün

сиёҳ

braun

кабуд

grau

сафед

schwarz

сабз

Gegenteile
мухолифат

viel / wenig
бисёр/кам

wütend / friedlich
хашмгин / ором

hübsch / hässlich
зебо/безеб

Anfang / Ende
оғози / охири

groß / klein
калон/хурд

hell / dunkel
дурахшон / торик

Bruder / Schwester
бародари / хоҳар

sauber / schmutzig
тоза/чиркин

vollständig / unvollständig
пурра / нопурра

Tag / Nacht
рӯзи / шаб

tot / lebendig
мурдагон / зинда

breit / schmal
кушод/танг

genießbar / ungenießbar

хӯрданӣ / хӯрданашаванда

böse / freundlich

бад/нек

aufgeregt / gelangweilt

ба ҳаяҷон / дилгир

dick / dünn

ғавс/борик

zuerst / zuletzt

якум/охирин

Freund / Feind

Дӯсти / душмани

voll / leer

пур/холӣ

hart / weich

сахт/мулоим

schwer / leicht

вазнин/сабук

Hunger / Durst

гуруснагӣ / ташнагӣ

krank / gesund

бемор/солим

illegal / legal

ғайриқонунӣ / ҳуқуқӣ

gescheit / dumm

соҳибақл / беақл

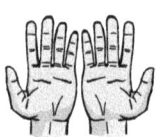

links / rechts

рост/чап

nah / fern

наздик/дур

neu / gebraucht

нави / истифода бурда мешавад

nichts / etwas

ҳеҷ / чизе

alt / jung

пир/ҷавон

an / aus

оид / хомӯш

offen / geschlossen

кушода/пӯшида

leise / laut

паст/баланд

reich / arm

бой/камбағал

richtig / falsch

дуруст/нодуруст

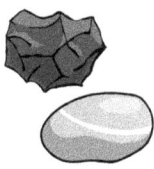

rau / glatt

дурушт/ҳамвор

traurig / glücklich

ғамгин/хушбахт

kurz / lang

кӯтоҳ/дароз

langsam / schnell

оҳиста/тез

nass / trocken

тар/хушк

warm / kühl

гарм / сард

Krieg / Frieden

ҷанг / сулҳ

Gegenteile - мухолифат

Zahlen
ададхо

0 null / нол

1 eins / як

2 zwei / ду

3 drei / се

4 vier / чор

5 fünf / панҷ

6 sechs / шаш

7 sieben / ҳафт

8 acht / ҳашт

9 neun / нӯҳ

10 zehn / даҳ

11 elf / ёздаҳ

12

zwölf
дувоздаҳ

13

dreizehn
сенздаҳ

14

vierzehn
чордаҳ

15

fünfzehn
понздаҳ

16

sechzehn
шонздаҳ

17

siebzehn
ҳабдаҳ

18

achtzehn
ҳаждаҳ

19

neunzehn
нуздаҳ

20

zwanzig
бист

100

hundert
сад

1.000

tausend
ҳазор

1.000.000

Million
миллион

Zahlen - ададҳо

Sprachen
забонҳо

Englisch
англисӣ

Amerikanisches Englisch
англисии амрикой

Chinesisch (Mandarin)
мандарини хитой

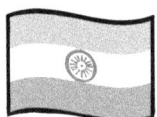
Hindi
ҳиндӣ

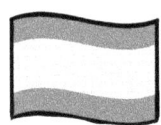
Spanisch
испанӣ

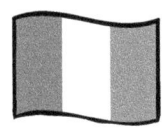
Französisch
фаронсавӣ

Arabisch
арабӣ

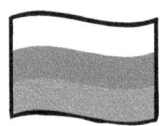
Russisch
русӣ

Portugiesisch
португалӣ

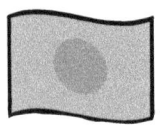
Bengalisch
бенгалӣ

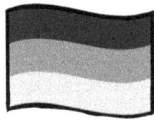
Deutsch
олмонӣ

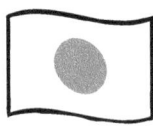
Japanisch
ҷопонӣ

wer / was / wie
ки / чиро / тавр

ich
ман

du
шумо

er / sie / es
Ў / вай / он

wir
мо

ihr
шумо

sie
онҳо

Wer?
ки?

Was?
чӣ?

Wie?
Чӣ хел?

Wo?
дар кучо?

Wann?
кай?

Name
ном

wo
дар кучо

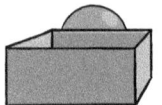

hinter

аз паси

in

дар

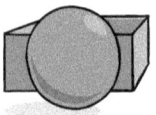

vor

дар пеши

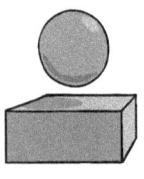

über

дар болои

auf

дар рӯи

unter

дар зери

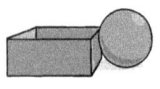

neben

дар назди

zwischen

миёни

Ort

ҷой